目　次

「志望理由書」「自己PR文」とは

　志望理由書とは、志望先(大学・短期大学・専門学校・企業)を志望した理由を述べる文章です。

　自己PR文は、自分がいかに志望先にふさわしい人物であるかをアピールする文章です。

　いずれも入試や就職試験の際、書類選考や面接の材料に使われ、小論文試験でもこれらに関連したテーマがよく出題されます。さらに、面接試験では志望理由書や自己PR文に基づいた質問がよくなされ、疑問点や面接での回答と矛盾している点があれば説明を求められます。

　志望理由書や自己PR文の提出が求められる場合、その内容で合否が左右されることを意識して、しっかり対策をする必要があります。

入試、就職試験の流れ(例)

一次試験

書類選考 ── 志望理由書 自己PR文 履歴書 調査書など

↓

二次試験

面接試験　　教科試験 または 小論文

1

1 あなた自身について書き出してみよう

まずは、自分を説明するための材料集めから始めましょう。問いかけ（**Q**）に対するあなたなりの答え（**A**）を記入していきましょう。思いついたことをどんどん書き込んでください。

Q 1. あなたの得意なことは何ですか？ 思いつくだけ書き出してみましょう。

A
- _____
- _____
- _____
- _____

最近褒められたことって何だろうな…？

少々大変でも、苦にならないことってあったかな？

英会話、数学、陸上競技、ギターの演奏、子どもをあやすこと、計画的にコツコツ進めることのように、勉強や趣味、あなたの行動・特性に関することなど何でもOKよ！

Q 2. あなたはどんなことに興味がありますか？ 思いつくだけ書き出してみましょう。

A
- _____
- _____
- _____
- _____

小さい頃からずっと好きだったことは―…？

これならいくらでも話せる！ということは何かな？

学校生活や家庭生活、課外活動などいろいろな場面を思い浮かべてみてね。例えば、サッカー、読書もよいし、英語、幼稚園教諭、スポーツトレーナーなど、好きな教科やあこがれの職業もOKよ。人とのコミュニケーション方法のようなスキル・能力でもいいし、社会問題でもいいのよ。

Q3. 高校生になって、がんばったことはどんなことですか？
思いつくだけ書き出してみましょう。

A ・
・
・
・

授業や部活動で特に
打ち込んだことはあ
ったかな？

生徒会や委員会活動
で力を入れていたこ
とはあったかな？

3年間ボランティア活動に参加した、きょうだい
の世話をしてきた、授業で子どもの問題について
調べたのように学校生活や家庭生活、課外活動で
の出来事を書き出すといいわね。

Q4. あなたはどんな性格ですか？　思いつくだけ書き出してみましょう。

A ・
・
・
・

家族や友だち、先生
には、どのような性格
だと言われるっけ？

困ったときにどんな行
動をしがちかなー？

ふだんの生活をふり返って、部活動や授業での
姿勢、友だちとの付き合い方などを思い出して
みましょう。例えば、社交的、積極的、協調性
がある、責任感がある、控えめ、自立心があ
る、粘り強く考える、判断が早いなどいろいろ
見つかるはず！

材料集め編

作成編

巻末資料

このページでは、あなたの将来の目標を明確にし、なぜその目標をめざすことにしたのか、そのきっかけである動機について深めていきます。

Q 5. ❶1.～4.で挙げた事柄をもとに考えると、どういうすてきな未来が描けそうですか？

A

❷（　　　）.で挙げた、　①

をもとに考えると、私は

②

という未来を描くことができそうです。

これからもずっと続けたいと思っていることとか…？

あこがれの職業から考えてみようかな。

❶1.～4.で挙げたことから、あなたの未来を自由にイメージしてみて。すてきな未来は、あなたの「将来の目標」と言い換えることができるのよ。

例えば、❶1.で挙げた①子どもをあやすことから、②幼稚園教諭になって活躍するという未来を描くことができそう、とかね。

Q 6. ❺5.②で示したすてきな未来（あなたの将来の目標）を具体的に考えましょう。どんな理想の自分の姿が思い描けますか？

A

私は、

。

❺5.で書いたすてきな未来が実現したら…って考えたらいい？

❺5.②で描いた未来の中での理想の自分の姿を具体的にイメージしてみましょう。具体的な職業を思い浮かべていたなら、例えば10年後の自分の理想の姿を想像してみるといいわね。

Q7. あなたが**Q**5.①から**Q**5.②のような未来（あなたの将来の目標）を発見・発想した
きっかけは何ですか？

A

_____

_____

がきっかけです。

_____

もともと得意なこと
はあったけど、何が
きっかけで「将来こ
れがしたい！」って
考えるようになった
んだっけ？

Q5.②のような未来(将来の目標)を考えるようになっ
たルーツはどこになるかしら。その時は意識していなく
ても、今思えば思い描くきっかけになったと思えること
でいいのよ。

Q8. **Q**7.をきっかけに、具体的にどのように考えて**Q**5.②のような目標を定めたのですか？

A

Q7.をきっかけに、私は　①

_____

_____

ということを考えました。

そして、　②

_____

_____

と思い、**Q**5.②のような目標を定めました。

①には**Q**7.をきっ
かけに何を感じて、
どう考えて目標を決
めたかを書けばいい
のかな。

②には、自分が思い
描いた未来のことを
詳しく書いたらいい
のかな。

太郎くん、よく考えられているわね。太郎くんのことを
知らない第三者が初めて読んでも内容が伝わるくらい
詳しく書き込んでみてね。

Q 9. Q 5.②の目標を実現することで、どういう人々や組織に対してどう役立つことができますか？

A

① _____

_____ に対して、

② _____

_____ ができます。

ボクがめざす職業・学問って誰かのためになるのかなー？

好きっていう気持ちだけじゃダメなの？

「好きだからめざす」だけでは△よ！職業や学問は自分だけではなく、社会にも役立つものなのよ。下のコラムも参考に、社会貢献の視点で考えてみてね。

コラム　社会貢献について

　説得力のある志望理由書を書くために、「目標を実現すると、社会にどう役立てるのか」という視点を持って、志望先と社会とのかかわりを、①〜③の順でしっかり考えましょう。

①志望先と社会とのかかわりを整理する	大学・短期大学・専門学校であれば志望先で生み出される研究・技術が「どういう人々や組織に」「どう用いられているのか」、企業であれば物やサービスが「どういう消費者に」「どのように用いられているのか」を探ります。
②目標と社会とのかかわりを考える	①をもとに、あなたが目標を実現すると社会にどう役立つのかを考えます。大学・短期大学・専門学校であれば志望先で究めた研究・技術が「どういう人々や組織に」「どう役立つのか」、企業であればあなたの仕事が「どういう消費者に」「どのように役立つのか」を探ります。
③目標実現による社会貢献の方法を広く考える	自分の研究・技術・仕事が社会に与える意味を考えます。「他にもどのような分野で」「どう役立つのか」といったことも探ってみるとよいでしょう。社会や他者への影響を広く考え、自分が掲げた目標がいかに社会や他者に役立つ可能性があるのかを考えましょう。

あなた自身 ── 志望先

2 志望先について書き出してみよう

志望先の特徴について、調べたことや考えていることを書き出していきましょう。p.9のメモを使って、他の学校・企業と志望先との比較もしてみましょう。

Q10. あなたの志望先はどこですか？

A 私の志望先は、

_____

_____

_____ です。

ここは悩まずに書けそうだぞ！

あなたの目標を実現できる志望先になっているかな？具体的な就職先（○○株式会社など）、進学先（○○大学△△学部□□学科、○○専門学校など）を記入してみるといいわよ。

Q11. 志望先が求める人材像は何ですか？

A 私の志望先が求めているのは、

_____

_____

_____

_____ 人材です。

ボクの志望先はどのような人の就職・入学を望んでいるんだろう？

就職希望の人は、企業理念を調べてみるといいわよ。まずは会社のホームページの「ごあいさつ」や「企業情報」などのページをチェック！

進学希望の人は、3つのポリシー（アドミッション・ポリシー、ディプロマ・ポリシー、カリキュラム・ポリシー）を調べましょう！

材料集め編

作成編

巻末資料

Q 12. あなたの志望先の特徴は何ですか？

A 私の志望先の特徴は、

_____

_____

_____

です。

_____

志望先のホームページを調べてみようか？

企業訪問やオープンキャンパスなどで実際に質問してみるのはどうだろう？

企業であれば、製品や仕事内容、社会的役割や価値について調べてみて。大学・短期大学・専門学校であれば、用意されているカリキュラムや環境、設備などについて調べるといいわね。

コラム　情報の集め方について

　志望先に提出する志望理由書・自己ＰＲ文は、正しい情報を取り入れた内容にする必要があります。あなたの志望理由書・自己ＰＲ文を読むのは、その専門分野のプロたちです。「準備が足りていない、本気で志望しているのだろうか」と思われないために、以下の①〜③の方法を使ってしっかり調べましょう。

①インターネットを活用する	最も手軽な調べ方は、インターネットを活用することです。Yahoo!やGoogleといった検索エンジンを用いて、研究内容や職業について情報を集めましょう。書籍や論文を探すときも、国立国会図書館サーチ（https://iss.ndl.go.jp）やCiNii（http://ci.nii.ac.jp）などのサイトを活用するなど、インターネットと組み合わせると効果的です。
②本を参考にする	大学・短期大学・専門学校のパンフレット・シラバス（講義概要）や学問・職業に関する本を参考に、大学でどのような研究が行われているのか、どういった職業なのかを調べてみましょう。
③自分の「足」で情報を得る	実際に研究している人や働いている人に直接話をうかがいましょう。現場の生の声を聞くことができれば、新たな社会貢献への視点が見いだせます。大学・短期大学・専門学校であればオープンキャンパス、企業であれば会社訪問などが、質問を行うチャンスです。

 あなたの志望先と他の学校／企業・団体などを比較して表にまとめておこう。

進学希望者用	学校名		
アドミッション・ポリシー			
授　業			
カリキュラム			
設　備			
(　　　　　)			

就職希望者用	企業名・団体名(役所など)		
企業理念			
社　風			
業務内容			
制　度			
(　　　　　)			

材料集め編

作成編

❸ 志望先とのマッチングを確認しよう

志望理由書や自己ＰＲ文は、どこの学校・企業でも使いまわしできるような内容ではいけません。「この大学・専門学校・企業が私のやりたいことにピッタリだ！ここでないとダメなんだ！」ということをはっきりと伝えることが大事です。まずは、志望先を選ぶ理由を整理していきましょう。あなたが目標にしていることを叶えるために、志望先で何を身につける必要があるのかを明らかにしていきます。

Q13. あなたが定めた**Q**5.②の目標を実現するために、具体的にどんなこと・ものが必要ですか？

A 私の目標を実現するためには、

- _____
- _____
- _____ が必要です。

ボクがめざす未来のために必要なことって何だろう？

幼稚園教諭をめざしているなら、幼児教育の基礎、上手にコミュニケーションを行う方法など、目標を実現するために必要な能力（スキル・技能や知識）は何か、という視点で調べてみるといいわよ。めざしている職業や学びたい分野について詳しく調べることが大事！

● **進学希望者の場合**
オープンキャンパスなどで先生に質問したり、学校のホームページ、パンフレット、シラバス（講義概要）を参考にしたりして、右記の内容を調査してみよう。

● **就職希望者の場合**
企業の担当者などに直接質問するのが有効。インターネットや書籍で進みたい業界や就きたい仕事について調べてみよう。

● **大学・短期大学志望の場合**
大学や短期大学は研究機関である。目標実現のためには、こういう「研究環境」が必要だということをまとめよう。先生方からどのようなことを学ぶ必要があるのか、どういうことが指導できる先生が必要なのか、といったことを主に示そう。

● **専門学校志望の場合**
専門学校は教育機関である。目標実現のためには、こういう「学習環境」が必要だということをまとめよう。どのような授業やカリキュラムが必要なのか、といったことを主に示そう。

Q14. どうして **Q**13.で挙げたものが必要なのでしょうか？

A それがあると、

　　　　　　　　　　　　　　　　　　　　　　　　　　ができるからです。

ボクが **Q**13.を身につけたら…。

Q5.②で示した目標の実現につながることを考えたらいいのかな。

あなたの目標を実現するのに、「たしかに必要だ！」と第三者を納得させられるように、**Q**13.が必要な理由を具体的に考えてみるといいわよ。

Q13.で挙げたものを学んだり身につけたりすることで、**Q**14.のようなことができるようになる！➡そうすると **Q**5.②や **Q**6.で描いた未来の自分になれる！…と説明できるようになるのよ。

よし！　**Q13** …身につける

⬇ それにより

できた！　**Q14** …できるようになる

‖ これがつまり

ジャーン　**Q5**②と **Q6** で

描いていた、すてきな未来と理想の自分の姿

材料集め編

作成編

巻末資料

11

Q 15.

大学・短期大学・専門学校に進学を希望する人

Q 13.で挙げたことを身につけるためにはどういった環境がある学校に進んだらよいでしょう？

A Q 13.で挙げたことを身につけるためには、

という環境が必要です。

就職を希望する人

Q 13.で挙げたことを身につけるためにはどういった特徴・強みのある企業・団体に就職するのがよいでしょう？

A Q 13.で挙げたことを身につけるためには、

という特徴・強みが必要です。

どういった環境…？
特徴…？強み…？

どういう条件が整っているところだといいだろう？

例えば、「幼児教育」について学べる学校の中にも、実習や学外での活動に力を入れている、家族支援の授業が多いなど、さまざまあるの。企業でも、地域に根付いた仕事をしている、研修制度が充実しているなど、いろいろあるわ。

自分が目標実現のために必要なことと、pp.7～9で整理した志望先の情報をつなげて考えてみて。インターネット、オープンキャンパスや企業見学で情報を集めましょう。

ここでは、「**Q**5.②や**Q**6.で示した目標を実現するために必要な環境が、この志望先には整っている」ということを明らかにしていきます。あなたが志望先とどれだけぴったりマッチしているかを示しましょう。

Q16. 志望先では**Q**15.で示したもののうち、どのような環境が整っていますか？

A 志望先では、

　　　　　　　　　　　　　　　　　　　　　があります。

p.9で調べたことが使えるかな？

他の志望先候補だったところより、ここがいいと思った決め手は何だったかな…。

まずはp.9を見返してみて。もう一度調べる時は、下の内容を参考に。複数の候補と比較して、志望先にはあなたにとって必要な環境がどこよりも整っていることを説明しましょう。「どうしてもこの学校／企業・団体の、この環境が必要だ！」と自信をもって言えるようにね。

●進学希望者の場合
志望校のパンフレットやシラバス（講義概要）を参考にしたり、オープンキャンパスなどで先生に質問したりして、右記の内容を調査してみよう。

●就職希望者の場合
企業のパンフレットや企業の担当者への質問内容をもとに、志望先の特徴・強みについてまとめる。

●大学・短期大学志望の場合
志望校の「研究環境」についてまとめよう。例えば、先生方からこのようなことが学べる、このことを指導できる先生がいる、といったことを主に示そう。

●専門学校志望の場合
志望校の「学習環境」についてまとめよう。このような授業やカリキュラムがある、といったことを主に示そう。

材料集め編

作成編

❹ 志望先へアピールする内容を整理しよう

ここでは、あなたがアピールしたい長所について考えていきます。「長所」といっても、何でも挙げていいわけではありません。志望先がどんな人物を求めているのかをふまえたうえで、それに最も合う長所を選んでいくことが大事です。

Q17. あなたが持っている長所の中で、志望先にアピールしたい長所は何ですか？特技や能力を挙げてもよいので、思いつくだけ書き出しましょう。

A アピールしたい長所は、

・

・

・　　　　　　　　　　　　　　　　　　　　　　　　　　です。

p.3の**Q4.**で挙げたものの中から選べるかな？

アピールできる「長所」なんてボクには見つからないよ〜（涙）

そんなことないわよ！「人見知り」の人も見方を変えればじっくりと関係性を作れる人だと言えるわ。短所だと思っている部分も見方を変えれば長所になるのよ。

問題を解決するために努力すること、細かいことに気がつくことなど、志望先で活躍できる人材であることをアピールできるものを自由に書いてみましょう。

Q18. あなたの長所の中で、「志望先が求める人材像」に最も合うもの１つを選ぶとしたらどれですか？　**Q17.**に書いたものの中から１つ、◯で囲んでみましょう。

p.7の**Q11.**で調べた、志望先の「求める人材像」は何だったかな？

「私は志望先が求める人材像に近い人物である」と示すことができる長所を選んでね。例えば、志望先が「スポーツへの意欲と希望をもって、自分自身を高めることができる人間」を求めている場合、「細かいことに気がつく」よりも問題を解決するために努力することを選ぶといいわ。

Q19. どうして**Q**18.で選んだ長所が、志望先が求める人材像と合っていると思いましたか？
志望先へアピールするつもりで記入しましょう。

A

アピールするのによさそうだと思ったからなんだけど…。
それだけじゃ足りないってこと？

からです。

どうしてその長所が志望先へのアピールになると思ったのか、詳しく書いてみましょう。「こういう長所を持っている私は、志望先が求める人材像と合っている」という理由を具体的に述べるようにね。

例えばこんな感じよ！
●志望先が「スポーツへの意欲と希望をもって、自分自身を高める努力ができる人間」を求めている場合
➡ **Q**18.で問題を解決するために努力することといった長所を選ぶ。
➡ **Q**19.の理由では、部活動を通して、問題を解決するために努力する大切さを学びました。それは、スポーツへの意欲と希望をもって、自分自身を高める努力ができる人間であることを裏づけると考えています。スポーツにこうした姿勢で取り組む私は、貴学が求める人材像と合っていると考える（からです。）などと説明しよう。

材料集め編

作成編

巻末資料

15

ここでは、長所をどのような努力や工夫によって得たのか(または発揮してきたのか)という道のりを整理します。これまでの経験で終わらせず、入学・入社への熱意をアピールできるよう、長所を「進学後・就職後にこのように生かしたい」と将来への抱負につなげて考えてみましょう。

Q 20.

Q 18.で1つ選んだ長所を発揮した体験、または長所を身につけるきっかけになった体験にはどんなものがありますか？　思いつくだけ書き出しましょう。

A
・
・
・
　　　　　　　　　　　　　　　　　　　　　　　といった体験があります。

どんなことがきっかけであの長所が身についたのかな？

長所を発揮した体験はあったかな？

部活動・課外活動・学校行事・家庭での出来事など何でもOK。バスケットボール部でリーダーとしてがんばった、チームの練習方法を改善しようとしたなど、長所を生かして活躍した体験でも、どうやってその長所を身につけたのか、という体験でもいいのよ。

Q 21.

Q 20.で挙げた体験のうち、一番苦労したものはどれですか？
Q 20.に書いたものの中から1つ、◯◯◯で囲んでみましょう。

あなたが工夫や努力を重ねて克服したことが詳しく説明できる体験を1つ選んでみて。例えば、難しい状況をがんばって解決した、乗り越えた体験はあるかしら。

一番苦労したこと…?

どの体験を選んだらいいんだろう。

Q 22. Q21.で選んだ体験の中で、長所が身につくまでの特に印象的なエピソードを説明しましょう。

エピソードを説明って言われても…どう書いたらいいんだろう。

A

〔　　　　　　　　　　　　　　　　　　　〕。

1.課題(どんな目標・難しいことがあったか)
➡2.あなたがそれに対してどんな行動をしたか
➡3.結果どうなったか
（➡4.この体験を通して長所を得た）、という流れで書くと伝わりやすいわよ。

Q 23. 志望先に進んだとき、あるいは社会人になったとき、あなたが得た長所をどのように生かしていきたいですか？　抱負と長所とを関連づけて説明しましょう。

「長所を生かしていきたいです」だけじゃ足りないの？

A 私は、私が得た長所を

生かしていきたいです。

志望先では、どういう研究や学習／業務が行われている？　それをふまえて、志望先での「長所の生かし方」を考えてみましょう。将来の目標に自分が適していることもアピールすると説得力が増すわよ。

作成編

巻末資料

1 志望理由書　構成例

採点者に「この志望先に進みたい」というあなたの意志がきちんと伝わる志望理由書を書くためには、適切な段落構成が必要です。ここで構成例を確認しましょう。

4つのポイントと構成例

目標…「どういう仕事をしたいのか」「どういう学問を学び、研究がしたいのか」の説明
動機…「なぜその目標を定めたのか」「目標を実現すると社会にどう貢献できるか」の説明
過程…目標実現のために必要な学問、スキル、環境などの説明
マッチ…目標実現のための過程が、志望先で叶えられることの説明

第1段落 **目標**の提示と説明 あなたの目標を提示し説明します。	【表現例】 ●私は、このような目標を持っている。	参考 p. 4 Q5.〜6.
第2段落 **動機**の説明① （体験や経験） 体験や経験を通して動機を詳しく説明します。	【表現例】 ●私は、こういう経緯で目標を定めた。	参考 p. 5 Q7〜8.
第3段落 **動機**の説明② （社会的意義） 目標を実現する社会的意義も盛り込みましょう。	【表現例】 ●そして、目標を実現し、このように社会へ貢献したい。 ●だから、私はこの目標を実現しなければならない。	参考 p. 6 Q9.
第4段落 **過程→マッチ**の提示と説明 目標実現のために何が必要で何をしたいのかを説明し、それを志望先でどう実現したいのかを述べます。	【表現例】 ●目標実現には、こういう学びが必要だ。 ●そのためにはこういう環境が欠かせない。 ●志望先では、このような環境が整っている。 ●志望先では目標を実現することができると確信し、私は志望した。 ●私はこの目標を実現し、社会でこのように活躍したい。	参考 pp.10〜13 Q13.〜16.

※ 600〜800字程度の志望理由書を構成するときの基本パターン。段落数は制限字数によって増減可。

▶構成メモを作ろう

思いつくままに書き連ねたのでは、よい志望理由書にはなりません。文章を書く前に構成メモを作ることで書く内容を整理でき、あなたの意志がきちんと伝わる志望理由書になります。ここでは、これまで集めてきた材料を組み合わせて、構成メモを作成していきましょう。

第1段落　**目標**について　　➡p. 4（**Q**5.〜6.）

➡p. 4（**Q**5.〜6.）

ヒント

あなたがどんな目標を持っているのかを明示し、説明しましょう。「何を・誰に対して・どんなふうにしたいのか」「志望先でどういうことをしたいのか」も端的に示せるとよいでしょう。

pp.7〜8の**Q**10.〜12.で調べた志望先の特徴につながる内容になるよう意識しましょう。

pp.7〜8の**Q**10.〜12.

〈記入例〉

● 私は幼稚園教諭になりたい。
● 子どもを健やかに育てる手助けをしたり、困っている保護者の支えになったりしたい。
● 目標実現に必要な幼児教育の基礎とコミュニケーション方法が学べる○○大学○○学部を志望する。

> NG例：
> 今はまだやりたいことを決めていない。大学で目標を見つけたい。
>
> 進学に対する目的意識がなく、進学後の学ぶ意欲が疑われる内容である。

第2段落　動機①（体験や経験）について　➡p. 5（◎7.〜8.）

第3段落　動機②（社会的意義）について　➡p. 6（◎9.）

ヒント

あなたがどのように考えて目標を定めたのかを説明しましょう。目標と結びつく体験や経験を挙げることが大切です。出来事の説明が長くならないように注意しましょう。

〈記入例〉
- 目標を定めたきっかけは、幼稚園でのボランティア活動だ。
- 実際の幼稚園の先生方の働きを見て、子どもの健全な育成の担い手であると知り、やりがいがありそうだと思った。

NG例：
子どもと楽しく過ごした。

「楽しい」「好き」という理由は自己中心的で主観的。

ヒント

あなたの定めた目標を実現させる社会的意義を示します。目標実現の必要性を、社会的な側面から訴える内容にしましょう。

〈記入例〉
- 子どもの気持ちを上手にとらえ、子どもたちが育つために必要な環境を整えるという社会的役割を担っている。
- 子どもを育てる環境をよりよいものにしたい。

NG例：
子どもを楽しませることができる。

学問を生かしてどのように社会貢献するかを述べなければならない。

20

```
┌─────────────────────────────────────────────────────────────┐
│                                                             │
│ ─────────────────────────────────────────────────────────── │
│                                                             │
│ ─────────────────────────────────────────────────────────── │
│                                                             │
│ ─────────────────────────────────────────────────────────── │
│                                                             │
│                                                             │
└─────────────────────────────────────────────────────────────┘
```

ヒント

目標を実現するために必要なことを端的に示し、それをふまえて志望先で何をしたいのか、何を実現したいのかを説明しましょう。あなたが目標を実現するためには、この志望先へ進学／就職しなければならないということが伝わる内容となるよう留意しましょう。

〈記入例〉────────────────

● 幼児教育に関する専門的な知識が学べ、コミュニケーション能力を高められる環境が必要である。

● ○○大学では、幼児教育の基礎から応用まで幅広い科目があり、また、数ある大学の中でこの大学だけが、人間科学を応用したコミュニケーションの方法を４年間継続して学ぶことができるので志望した。

NG例：
○○大学は自宅から近く、学費が安い。幼稚園教諭の資格も取れる。

··

その大学に進学したい理由は述べられているが、過程やなぜ志望先が自身に合っているかというマッチが伝わってこない。通学時間や学費は目標実現とは関係がない。

作成編

【記入用紙】

実際に志望理由書を 800 字以内で書いてみましょう。

●原稿用紙の使い方の決まりや、表現・表記にも注意して書いてみましょう (pp.30〜33「巻末資料」参照)。
●できるだけ制限字数いっぱいまで書くようにしましょう。

200字

1

10

構成 例

第1段落
目標の提示と
説明

あなたの目標を提
示し説明します。

〉〉〉〉

第2段落
動機の説明①
(体験や経験)

体験や経験を通し
て動機を説明しま
す。

〉〉〉〉

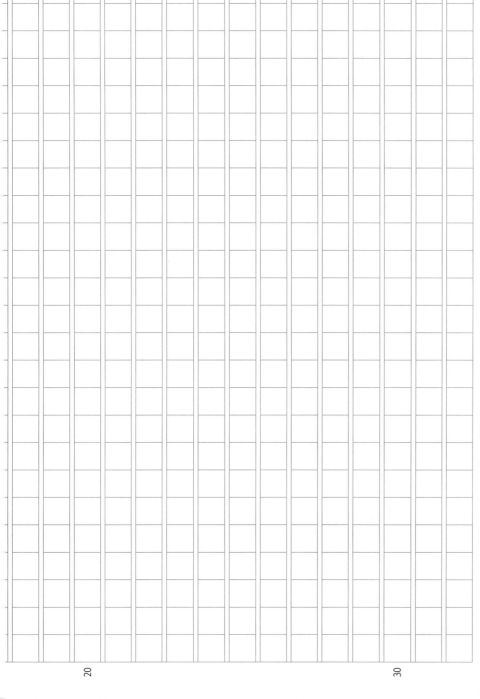

600字

800字

20

30

第3段落
動機の説明②
(社会的意義)

目標を実現する社会的意義も盛り込みましょう。

〉〉〉〉

第4段落
過程→マッチ
の提示と説明

目標実現のために進学先・就職先で何をしたいのかを説明し、それを志望先でどう実現したいのかを述べていきます。

構成例を
よく確認して
作成しましょう。

2 自己ＰＲ文　構成例

採点者にあなたの長所と、その志望先へ進みたいという意志がきちんと伝わる自己ＰＲ文を書くためには、適切な段落構成が必要です。ここで構成例を確認しましょう。

4つのポイントと構成例

長所…あなたにどのような長所があるのかを説明
理由…なぜその長所を志望先にアピールするのかを説明
道のり…どのように長所を得たのか、その経験や行った工夫を説明
将来への抱負…志望先で、長所をどのように生かしたいのかを説明

第1段落 **長所＋理由**の説明 あなたがアピールする長所を提示し、選んだ理由を簡潔に述べます。	【表現例】 ●私は、このような長所を持っている。 ●この長所を持つ私は志望先が求める人材像に合っているから、この長所をアピールする。	参考 pp.14〜15 **Q**17.〜19.
第2段落 **道のりの説明①** （体験・経験） 長所を得るまでの体験・経験を詳しく説明します。	【表現例】 ●私は、こういう体験を通して、長所を得た。	参考 pp.16〜17 **Q**20.〜22.
第3段落 **道のりの説明②** （工夫・努力） 長所を得るまでに、どのような工夫や努力を重ねてきたのかをまとめます。	【表現例】 ●体験の中でこういう工夫や努力を積み重ねて長所を得た。	参考 pp.16〜17 **Q**20.〜22.
第4段落 **将来への抱負**の説明 あなたが得た長所を志望先でどう生かすのか、将来への抱負を述べます。	【表現例】 ●この長所を、志望先でこのように生かしたい（抱負について、社会にどう役立つかも含めて述べよう）。	参考 p.17 **Q**23.

※ 600〜800字程度の自己PR文を構成するときの基本パターン。段落数は制限字数によって増減可。

▶構成メモを作ろう

思いつくままに書き連ねたのでは、よい自己ＰＲ文にはなりません。文章を書く前に構成メモを作ることで書く内容を整理でき、あなたの意志がきちんと伝わる自己ＰＲ文になります。ここでは、これまで集めてきた材料を組み合わせて、構成メモを作成していきましょう。

第１段落　長所＋理由について　　➡pp.14〜15（◎17.〜19.）

➡pp.14〜15（◎17.〜19.）

ヒント

あなたがどのような長所を持っているのか、そしてその長所が志望先の求める人材像に合っているからアピールすることなどを述べるとよいでしょう。

〈記入例〉
- 問題を解決するために努力を重ねてきた人物であることをアピールする。
- なぜなら○○大学○○学部は、スポーツへの意欲と希望を持って自分自身を高める努力ができる人材を求めており、それに私は合っていると考えたからだ。

> **ＮＧ例：**
> 私は積極的で周りに気配りができて思いやりがある。スポーツをしてきたので協調性もある。
>
> ---
>
> 長所を羅列しないで、アピールしたいもの・志望先の求める人材像に合ったものに絞ろう。

第2段落　道のり①（体験・経験）について　　➡pp.16〜17（◎20.〜22.）

NG例：
1年の練習で〜、
2年の試合では〜、
3年では〜。

⋯⋯⋯⋯⋯⋯⋯⋯

経験を羅列しない。
長所を得てきた道
のりに絞って述べ
よう。

ヒント

あなたがどのような体験・経験を通して長所を得たのかを説明します。出来事の説明で字数を使ってしまわないように、長所にかかわるエピソードに絞って説明するようにしましょう。

〈記入例〉

● 高校3年間でのバスケットボール部の活動の中で、チームメイトの意見を探り練習方法を考えたことを例に挙げる。

第3段落　道のり②（工夫・努力）について　　➡pp.16〜17（◎20.〜22.）

ヒント

あなたが体験・経験の中で、どういった工夫や努力を重ねて長所を得たのかを述べましょう。あなたの人柄があらわれる部分ですので、詳しく説明するようにしましょう。

〈記入例〉

● チームメイトに尋ね、また自分でも観察して問題点を整理し、それぞれの弱点を補い合えるポジションや作戦を提案した。

● こうした工夫から、問題を探ることや、解決のために取るべき行動を考えることが大切だということを学んだ。

NG例：
仲間のおかげでが
んばれた。

⋯⋯⋯⋯⋯⋯⋯⋯

仲間のよさをア
ピールするのでは
なく、自分のよさ
をアピールしよう。

第4段落　**将来への抱負**について　➡p.17（**Q**23.）

ヒント

志望先に進んだとき、あるいは社会人になったとき、長所をどのように生かしていくのかという将来への抱負を述べましょう。

Q5.～9.に記入した内容もふまえ、あなたの将来の目標を示し、その目標を実現することでどのような社会貢献ができるのかまで説明できると、志望先へのアピールとしてよりよい内容となるでしょう。

〈記入例〉

- この長所を、スポーツを行う人の心理を科学的にとらえる訓練をするために活用していきたい。
- 将来は、多くのスポーツ競技者の心の問題を解決し、チームの団結力を向上させるような能力を備えた人材となり、スポーツ界に貢献していきたい。

> **NG例：**
> ○○大学でも積極的にがんばりたい。
>
> ---
>
> 抱負を述べているが、長所をどう学問に生かしたいのか伝わらない。

【記入用紙】

実際に自己PR文を 800 字以内で書いてみましょう。

- 原稿用紙の使い方の決まりや、表現・表記にも注意して書いてみましょう（pp.30〜33「巻末資料」参照）。
- できるだけ制限字数いっぱいまで書くようにしましょう。

構成例

第 1 段落
長所＋理由の説明

あなたがアピールする長所と選んだ理由を簡潔に述べます。

第 2 段落
道のりの説明①
（体験・経験）

長所を得るまでの体験・経験を詳しく説明します。

200字

600字

800字

20

30

第3段落
道のりの説明②
（工夫・努力）

長所を得るまでに
重ねた工夫や努力
を具体的に説明し
ます。

〉〉〉〉

第4段落
将来への抱負
の説明

得た長所を志望先
でどう生かすのか、
将来への抱負を述
べます。

構成例を
よく確認して
作成しましょう。

▶原稿用紙の使い方

志望理由書や自己ＰＲ文では、原稿用紙のマス目に書くことが求められることがあります。原稿用紙に書くときの誤用例と下の注意をしっかり確認しておきましょう。

① 私は、「将来の夢は何ですか⑥?」と問われたら、「社⑤会
的弱者を支援するコンピュータ技術者になりたい⑤。」と
答えてきた。そのためにはコンピュータ技術だけでなく
③、社会の基盤造りに必要なアプローチの研究も進んでい
る貴学で学ぶことが不可欠である。
② 日本の高齢化率は⑧2008年には⑧22%となり、④『超高
齢社会』に入っている。私は車椅子走行補助装置の設計
を行ってきたが、コンピュータが体の不自由な高齢者の
役に立つことを知った。これは高齢者の⑦Quality
Of Life の向上に役立つのである。
② 貴学では情報処理やプログラムだけでなく、社会システ
ム理論を学ぶことによって社会学的アプローチの視点も
身に付けることができ、⑧1石2鳥である。

横書きの場合の注意

❶ 書き出し	書き出しは１マス空けて書きます。
❷ 段落分け	段落分けをする場合は改行し、１マス下げて書きはじめます。
❸ 行頭の句読点	句読点は行頭には置きません。前の行の最後のマスに文字といっしょに書きます。
❹ かぎかっこ	会話文以外でも強調したい場合にも用いますが、その場合は「　」を使いましょう。『　』は、書名か、会話文中の引用のときのみに用います。
❺ 句読点とかぎかっこ	どれも１字分マス目をとって書くのが原則ですが、句点ととじかっこが続くときは１マスにまとめます。
❻ 記号	「?」や「!」のような記号は基本的に用いないようにしましょう。
❼ アルファベット	大文字は１マスずつ、小文字は２文字で１マス使います。
❽ 数字	横書きでは算用数字を用います。２けた以上の場合、２文字で１マスが基本です。ただし、「一石二鳥」「九十九里浜」など、慣用的に漢数字が用いられている単語の場合は、そのまま漢数字を使います。
化学記号など	大文字は１マスずつ、小文字は２文字で１マス使います。

縦書きの場合の注意

アルファベット、化学記号など	大文字・小文字とも１マス使います。
数字	縦書きのときは漢数字を用います。ただし、資料の「表１」「図２」や「〇―157」など、慣用的に算用数字が用いられている単語の場合はそのまま算用数字を使います。

▶気をつけたい表現・表記

志望理由書や自己ＰＲ文へ託した思いは、適切に表現されてこそ相手に伝わります。正しく採点者に伝えるための表現のルールを学びましょう。

表　現

①わかりやすい表現

他人（採点者）が読んでわかりやすく、簡潔な文でまとめましょう。

②主語と述語の対応

主語と述語との関係が適切かどうかを確認しましょう。

- × 最近思うことは、若者言葉をそのまま公の文章に書き表す高校生が多い。
- ○ 若者言葉をそのまま公の文章に書き表す高校生が、最近多いと思う。

③呼応関係

ある言葉を用いたら、ある表現を用いなければならないという関係（呼応関係）に注意しましょう。「全然」「必ずしも」は打ち消しの表現、「なぜなら」は理由の表現（「〜からだ」など）、「もし」は仮定の表現（「〜ならば」など）が伴います。

- × 部活動で失敗をしたが、全然大丈夫だった。
- ○ 部活動で失敗をしたが、全然問題ない。

④並列・列挙の関係

「〜たり」は、「〜たり、……たり」と並べて用います。

⑤修飾関係

読点を置いたり、修飾語句を修飾される語句の直前に置いたりして、誤解が起こらないようにしましょう。

- × 昨日教授にもらった時計をなくした。
- ○ 教授に昨日もらった時計をなくした。
- ○ 教授にもらった時計を、昨日なくした。

⑥「ら」抜き言葉は使わない

「見れる」「食べれる」といった「ら」抜き言葉の使用は避けましょう。

⑦文体の統一

志望理由書や自己ＰＲ文といった出願書類では、常体（「だ・である体」）と敬体（「です・ます体」）のいずれを用いてもかまいませんが、どちらかに統一しましょう。

⑧話し言葉の禁止

提出書類では書き言葉を用います。話し言葉や「流行り言葉」などは用いてはいけません。（→p.33「注意したい話し言葉・言葉の誤用例」）

⑨一文の長さ

文が長くなると、主語・述語、修飾語・被修飾語の関係がわかりにくくなります。目安として、一文は長くても 40 〜 60 字程度にするとよいでしょう。

⑩省略語・略字は使わない

提出書類は公の文書ですから、言葉や文字を略してはいけません。ただし、「パソコン」「インターハイ」など、慣用的に省略しているものはそのまま用いてかまいません。

- × 部活　……………　○ 部活動
- × バイト　…………　○ アルバイト
- × ケータイ　………　○ 携帯電話

⑪無意味なカタカナ語は使わない

「イチバン」「タイヘン」「トモダチ」など、無意味にカタカナを用いてはいけません。

⑫志望先を示す表現

志望先の名称を示すときは、省略せずに記します。また、志望先をさし示すときは「貴学（大学の場合）」「貴校（専門学校の場合）」「貴社」「貴庁（官公庁の場合）」などと、公の文書として適切な表現を用います。

⑬一人称

一人称は「私」とします。「自分」「僕」などは用いません。

表　記

①ていねいな字

ていねいに、読みやすい字を書きましょう。文字は癖のない字で、大きめに、濃く、はっきりと書くことを心がけるとよいでしょう。

②誤字・送りがなの誤り

誤字は減点対象になる場合があります。（→p.32「注意したい誤字」）

▶注意したい誤字

ここでは、志望理由書・自己ＰＲ文を書く際に間違いやすい誤字をまとめています。提出する前に、誤字がないかどうかチェックしましょう。

文章中でよく間違える熟語・表現

×			○	
×	一早く	○	逸早く
×	価値感	○	価値観
×	看者	○	患者
×	感心がある	○	関心がある
×	完壁	○	完璧
×	決果	○	結果
×	原困	○	原因
×	好寄心	○	好奇心
×	指適	○	指摘
×	除々に	○	徐々に
×	推選	○	推薦
×	精心	○	精神
×	成積	○	成績
×	絶体に	○	絶対に
×	増化	○	増加
×	桃戦	○	挑戦
×	不可決	○	不可欠
×	冒頭	○	冒頭

学問・研究に関する言葉

×		○	
×	移殖	○	移植
×	遺伝子	○	遺伝子
×	英文購読	○	英文講読
×	教受	○	教授
×	計則	○	計測
×	研突	○	研究
×	講議	○	講義
×	思相	○	思想
×	実修	○	実習
×	準教授	○	准教授
×	専問	○	専門
×	抽像	○	抽象

×	脳硬塞	○	脳梗塞
×	分折	○	分析
×	理諭	○	理論

学部・学科の名称

×		○	
×	還境学	○	環境学
×	機会工学	○	機械工学
×	教育学	○	教育学
×	経財学	○	経済学
×	建筑学	○	建築学
×	政策学	○	政策学
×	有機科学	○	有機化学

職業・資格の名称

×		○	
×	介護師	○	介護士
×	看護士	○	看護師
×	教論	○	教諭
×	警察（右上が「犬」）	○	警察
×	建築師	○	建築士
×	公認会計師	○	公認会計士
×	公務員	○	公務員
×	消妨	○	消防
×	弁護師	○	弁護士
×	保育師	○	保育士
×	郵便	○	郵便
×	理学療法師	○	理学療法士

職種の名称

×		○	
×	菅理	○	管理
×	事務	○	事務
×	制造	○	製造
×	板売	○	販売
×	報導	○	報道